16-18, rue de l'Ouvrage
B-5000 Namur

Titre original: Benno bloost

Amsterdam – Hasselt

ISBN 2-87142-581-7
D/2006/3712/51

Imprimé en Italie

Philippe Goossens & Thierry Robberecht

Justin

est amoureux

Petit train

A la récréation, nous, les garçons,

on ne joue **jamais** avec les filles.

Les filles se racontent des histoires de filles

et nous, on est des garçons !

« Moi, je crois que vous avez **peur** des filles »,

dit souvent Maman, en souriant.

« C'est même pas vrai ! »

Victor est le seul garçon

qui joue parfois avec les filles.

Quand ça arrive, on se **moque** de lui.

« Hé Victor, t'es devenu une fille ou quoi ? »

Un peu **honteux**,

Victor revient vite jouer avec nous.

Un matin,

une nouvelle élève est arrivée en classe.

Elle avait l'air **triste**.

La maîtresse nous a annoncé qu'elle s'appelait Elsa

et qu'elle ne resterait que quelques jours avec nous.

Elle s'est assise à côté

d'une **autre fille** de la classe

et je n'ai plus fait **attention** à elle.

8x2
4+3
3+5

Ce jour-là, c'est Maman

qui est venue me chercher à l'école.

Elle m'a annoncé qu'Elsa rentrait avec nous.

« Mais pourquoi ?

On ne la connaît pas ! »

« Moi, je la connais », a répondu Maman.

« C'est la fille d'une de mes amies.

Il faut que tu sois sympa avec elle. »

Pourquoi je devrais être sympa avec cette fille ?

Dans la voiture,

je n'ai pas ouvert la bouche.

Elsa a parlé pendant tout le trajet.

Elle trouvait mon école très chouette.

Elle a raconté qu'elle s'était fait des copines

et blablabla et blablabla...

Maman m'a dit qu'Elsa passerait quelques nuits

à la maison.

On aurait pu me demander mon avis !

Evidemment, Elsa s'est installée dans ma chambre.

Papa a repoussé **mon château fort**

et **mon bateau** de pirates

pour lui préparer un lit.

J'ai dit à Maman que les chevaliers, les pirates et moi,

on n'aimait pas du tout être envahis par une fille.

« Justin ! Tu n'es qu'un petit **égoïste !** »

a répondu Maman.

J'ai vu qu'elle était très **fâchée**.

Pendant la nuit, j'ai été réveillé

par des petits bruits dans ma chambre.

C'était Elsa qui pleurait.

J'ai attendu que Papa ou Maman vienne la consoler.

C'était leur boulot après tout ! Ils l'avaient invitée !

Mais Elsa pleurait si doucement

que personne ne l'entendait.

Sauf moi.

Alors, je me suis levé et je me suis approché d'elle.

Elle était assise dans son lit.

Je lui ai donné mon **mouchoir**

et j'ai passé mes bras autour de ses épaules

pour la **consoler**.

Que pouvais-je faire d'autre ?

« Pourquoi t'es **triste**, Elsa ? »

Elle m'a répondu :

« Mes parents sont en train de se **séparer**. »

Le lendemain, au petit déjeuner,

Elsa m'a embrassé

comme si on était de vieux amis.

Elle sentait vachement bon.

Elle a raconté à Maman

que je l'avais consolée pendant la nuit.

Maman a dit qu'elle était fière de moi.

J'ai eu vraiment l'impression

d'avoir été utile à quelque chose.

TOP

Ce matin-là, sur le chemin de l'école,

Elsa et moi, on n'a pas arrêté de parler.

Ensuite, j'ai passé toute la **récréation**

avec Elsa et ses copines.

Victor est venu nous rejoindre.

Les autres **garçons** de la classe nous regardaient

comme si on était malades.

Finalement, quand on les connaît mieux,

on s'amuse **bien** avec les **filles** !

A la fin de la semaine,

Elsa est **partie.**

Il paraît que ses parents ont trouvé une **solution.**

Elle a promis de me téléphoner.

Peut-être même qu'on se reverra !

Dans ma chambre, les pirates et les chevaliers

ont repris **leur place**

mais je sens que quelque chose a **changé** en moi.

Aujourd'hui, Elsa a téléphoné.

Elle vient demain.

Je suis si **heureux** que Papa m'a demandé :

« Justin, tu ne serais pas un peu

amoureux ? »

Je lui ai répondu :

« Ça, c'est mon **secret !** »